Título del libro: Café Sostenible

Subtítulo: Cómo Elegir Café Ecológico y Apoyar Prácticas de Cultivo Sostenible

Book Title:

"Sustainable Coffee: How to Choose Eco-Friendly Coffee and Support Sustainable Farming Practices."

By Jenny Koo

Imprint: Independently published.

Copyright © 2024 by Jenny K. Koo. All rights reserved.

No part of this book may be used or reproduced in any manner whatsoever without written permission.

For information, please email to
jennykookk@gmail.com

"Café Sostenible: Cómo Elegir Café Ecológico y Apoyar Prácticas de Cultivo Sostenible"

By Jenny Koo

Título del libro: Café Sostenible
Subtítulo: Cómo Elegir Café Ecológico y Apoyar Prácticas de Cultivo Sostenible

Tabla de Contenidos:

- Introducción
    - Propósito del Libro
    - Lo que Aprenderán los Lectores
    - Importancia Global del Café
    - Por Qué la Sostenibilidad Importa en el Café
    - Impactos Ambientales y Sociales
    - La Sostenibilidad como Solución
    - Resumen de las Prácticas de Café Sostenible

- ¿Qué es el Café Sostenible?
- Breve Historia de la Sostenibilidad en el Café
- Importancia de la Conciencia
- Capítulo 1: Entendiendo el Café Sostenible
  - Definiendo la Sostenibilidad en el Café
  - El Viaje del Grano a la Taza
- Capítulo 2: Impacto Ambiental de la Producción de Café
  - Deforestación y Pérdida de Biodiversidad
  - Uso del Agua y Contaminación
  - Salud del Suelo y Erosión
- Capítulo 3: Prácticas de Cultivo Sostenible
  - Café de Sombra
  - Agricultura Orgánica
  - Agroforestería
  - Compostaje y Gestión de Residuos
- Capítulo 4: Certificaciones y Etiquetas
  - Comercio Justo
  - Alianza para Bosques (Rainforest Alliance)
  - Orgánico Certificado por USDA
  - Otras Certificaciones (UTZ, Amigable con las Aves)
- Capítulo 5: Cómo Elegir Café Ecológico
  - Leer Etiquetas y Certificaciones
  - Apoyar Marcas Éticas
  - Opciones Locales y de Comercio Directo
- Capítulo 6: Métodos Sostenibles de Preparación y Consumo
  - Métodos Ecológicos de Preparación
  - Reducción de Residuos
  - Reciclaje y Compostaje
- Capítulo 7: Impacto Social del Café Sostenible

    - Empoderamiento de los Agricultores
    - Desarrollo Comunitario
    - Igualdad de Género
- Capítulo 8: El Futuro del Café Sostenible
    - Innovaciones en la Producción de Café
    - Desafíos y Oportunidades
    - Papel del Consumidor
- Conclusión
    - Resumen de Puntos Clave
    - Llamado a la Acción

Introducción

Propósito del Libro

Para muchos, el café es más que una bebida; es un ritual, una fuente de consuelo y una parte vital de la vida diaria. Pero, ¿alguna vez te has detenido a considerar de dónde proviene tu café o el impacto que tiene en el mundo que te rodea? A medida que la demanda global de café continúa aumentando, también lo hace la importancia de tomar decisiones informadas sobre el café que consumimos. Este libro es tu guía para navegar por el mundo del café sostenible, ya seas un bebedor ocasional o un conocedor experimentado.

El viaje desde el grano hasta la taza es complejo, involucrando a agricultores, comerciantes, tostadores y baristas. A lo largo del camino, las decisiones que toman cada uno de estos actores no solo afectan la calidad del café, sino también el medio ambiente y la vida de aquellos que lo cultivan. Al elegir café sostenible, no solo disfrutas de una mejor taza, sino que también contribuyes al bienestar del planeta y de las personas que están detrás de tu taza matutina.

Lo que Aprenderán los Lectores

En este libro, explorarás qué significa que el café sea "sostenible" y cómo puedes tomar decisiones que se alineen con tus valores. Aprenderás a descifrar las diversas certificaciones y etiquetas que adornan los paquetes de café, a comprender los impactos ambientales y sociales de la producción de café, y a descubrir cómo tus métodos de preparación pueden marcar la diferencia.

También profundizaremos en el futuro del café sostenible, examinando las innovaciones y los desafíos que se avecinan. Al final de este libro, estarás equipado con el conocimiento para elegir con confianza un café que no solo tenga buen sabor, sino que también haga el bien.

Importancia Global del Café

El café es una de las bebidas más queridas en el mundo, consumida por millones de personas diariamente. También es la segunda mercancía más comercializada a nivel mundial, después del petróleo, lo que resalta su enorme importancia económica. Pero detrás de esta bebida ubicua se encuentra una vasta red de agricultores, la mayoría de los cuales son pequeños productores en países en desarrollo. Estos agricultores a menudo enfrentan desafíos como el cambio climático, precios inestables en el mercado y prácticas laborales injustas.

El impacto ambiental de la producción de café es igualmente significativo. La agricultura tradicional del café a menudo conduce a la deforestación, la degradación del suelo y la contaminación del agua. Sin embargo, las prácticas sostenibles pueden ayudar a mitigar estos efectos, preservando la biodiversidad y mejorando la salud del suelo. Al tomar decisiones conscientes, como consumidor, puedes apoyar estas prácticas positivas y contribuir a un futuro más sostenible para el café.

El café sostenible no es solo una tendencia; es una necesidad. A medida que leas este libro, descubrirás que las decisiones que tomas, desde el café que compras hasta cómo lo preparas, tienen impactos de gran alcance. Juntos, podemos asegurarnos de que las futuras generaciones puedan disfrutar del café tanto como lo hacemos hoy.

Por Qué la Sostenibilidad Importa en el Café

Impactos Ambientales y Sociales

El café es un producto básico a nivel global, pero su producción tiene consecuencias ambientales y sociales de gran alcance. La agricultura tradicional del café a menudo conduce a la deforestación, amenazando la biodiversidad y contribuyendo al cambio climático. Las grandes fincas de café, especialmente aquellas en monocultivos expuestos al sol, alteran los ecosistemas al eliminar árboles y plantas nativas, lo que a su vez afecta los hábitats de la fauna.

El uso del agua en la producción de café es otro problema significativo. Los métodos de procesamiento húmedo, comunes en muchos países productores de café, utilizan grandes cantidades de agua, lo que a menudo lleva a la contaminación de los suministros de agua locales con productos químicos y desechos orgánicos. Esta contaminación daña la vida acuática y puede hacer que el agua sea insegura para las comunidades cercanas.

En el aspecto social, muchos agricultores de café trabajan en condiciones difíciles, con salarios bajos, acceso limitado a la atención médica y estándares de vida pobres. En muchas regiones, la volatilidad de los precios del café en los mercados globales agrava estos problemas, dejando a los agricultores vulnerables a la pobreza y la inestabilidad económica.

La Sostenibilidad como Solución

La sostenibilidad en la producción de café ofrece una forma de mitigar estos impactos. Adoptando prácticas ambientalmente amigables, como el café de sombra, la agricultura orgánica y la agroforestería, los productores de café pueden proteger la biodiversidad, mejorar la salud del suelo y reducir la huella de carbono de sus fincas. Las prácticas sostenibles también promueven el uso eficiente del agua y la gestión de residuos, ayudando a preservar los recursos naturales valiosos.

En el frente social, la sostenibilidad garantiza que los agricultores reciban una compensación justa por su trabajo, acceso a la educación y mejores condiciones de trabajo. Los programas de certificación como Comercio Justo y Alianza para Bosques (Rainforest Alliance) desempeñan un papel crucial en la promoción de estos estándares, asegurando que los beneficios de la producción de café se compartan de manera más equitativa entre todos los interesados.

La sostenibilidad no se trata solo de proteger el medio ambiente; se trata de crear una industria del café que sea justa, resiliente y capaz de prosperar a largo plazo. Al comprender la importancia de la sostenibilidad, podemos tomar decisiones informadas que apoyen estos esfuerzos y contribuyan a un futuro más sostenible para el café.

Resumen de las Prácticas de Café Sostenible
¿Qué es el Café Sostenible?
El café sostenible se cultiva y procesa de manera que

minimiza el impacto ambiental y promueve la equidad social. Este enfoque de la producción de café se centra en la conservación de los recursos naturales, la protección de los ecosistemas y la garantía de que los agricultores sean tratados de manera justa y reciban un pago adecuado. El café sostenible también enfatiza la calidad, con la comprensión de que las plantas saludables, cultivadas en un ecosistema equilibrado, producen mejores granos.

Breve Historia de la Sostenibilidad en el Café
El concepto de sostenibilidad en el café comenzó a ganar tracción a finales del siglo XX, a medida que los impactos ambientales y sociales de la producción de café se hicieron más evidentes. En las décadas de 1980 y 1990, el auge de la agricultura orgánica y la introducción de programas de certificación como el Comercio Justo marcaron el inicio del movimiento del café sostenible. Estas iniciativas tenían como objetivo abordar los problemas de los bajos salarios, las malas condiciones de trabajo y la degradación ambiental que prevalecían en muchas regiones productoras de café.

Con los años, el movimiento ha crecido, con más agricultores adoptando prácticas sostenibles y más consumidores buscando café producido éticamente. Hoy en día, la sostenibilidad es una consideración clave para muchos en la industria del café, desde pequeños agricultores hasta grandes corporaciones.

Importancia de la Conciencia
La conciencia del consumidor es fundamental para el éxito del café sostenible. Al comprender lo que significa la sostenibilidad y por qué importa, los consumidores pueden tomar decisiones informadas que apoyen prácticas sostenibles. Esto incluye buscar certificaciones, comprar de marcas éticas y entender el impacto de su consumo de café.

Cuando los consumidores demandan café sostenible, crean un mercado que valora y recompensa la producción responsable. Esto, a su vez, anima a más agricultores a adoptar prácticas sostenibles, conduciendo a un ciclo positivo de mejora que beneficia a todos los involucrados, desde los agricultores hasta el medio ambiente y el consumidor final.

Capítulo 1: Entendiendo el Café Sostenible

Definiendo la Sostenibilidad en el Café

La sostenibilidad en el café es un concepto integral que integra la protección ambiental, la responsabilidad social y la viabilidad económica. Va más allá de la simple noción de ser "verde" e implica un enfoque holístico en todo el proceso de producción de café. La producción de café sostenible garantiza que se preserve el medio ambiente, que los agricultores y trabajadores sean tratados de manera justa y reciban un pago equitativo, y que la industria siga siendo rentable para todos los involucrados, desde el agricultor hasta el consumidor.

La protección ambiental es un componente clave de la sostenibilidad. Esto incluye prácticas como minimizar el uso de productos químicos sintéticos, conservar el agua y mantener la biodiversidad mediante métodos como el café de sombra. El café de sombra, por ejemplo, permite que las plantas de café crezcan bajo el dosel de los árboles, lo que ayuda a preservar el ecosistema circundante, apoya la vida silvestre y reduce la erosión del suelo. La agricultura orgánica, otro aspecto de la sostenibilidad ambiental, se centra en métodos naturales de control de plagas y fertilización del suelo, evitando pesticidas y fertilizantes dañinos.

La responsabilidad social es igualmente importante en el café sostenible. Asegura que las personas que cultivan y cosechan el café sean tratadas con respeto y justicia. Esto significa proporcionar salarios justos, condiciones de trabajo seguras y oportunidades para la educación y el desarrollo comunitario. La sostenibilidad social también incluye el empoderamiento de grupos marginados, como las mujeres y las poblaciones indígenas, que a menudo juegan un papel crucial en la producción de café pero que con frecuencia están subrepresentados y mal pagados.

La viabilidad económica une los aspectos ambientales y sociales. Para que la producción de café sea realmente sostenible, también debe ser económicamente viable. Esto significa que los agricultores necesitan ganar un salario que cubra los costos de producción y proporcione un margen de beneficio que les permita reinvertir en sus fincas y mejorar su calidad de vida. La sostenibilidad económica también implica crear una cadena de suministro transparente y justa, donde los beneficios de la producción de café se distribuyan equitativamente entre todos los participantes.

En esencia, el café sostenible se trata de crear un equilibrio entre estos tres pilares—protección ambiental, responsabilidad social y viabilidad económica—para garantizar que la industria del café pueda prosperar por generaciones.

El Viaje del Grano a la Taza

El viaje desde el grano hasta la taza es un proceso complejo que involucra varias etapas, cada una con su propio conjunto de desafíos y oportunidades en términos de sostenibilidad. Entender este viaje nos ayuda a apreciar las complejidades de la producción de café y la importancia de tomar decisiones sostenibles en cada paso.

El cultivo del café suele comenzar en regiones tropicales, donde las condiciones climáticas y del suelo son ideales para el crecimiento de las plantas de café. Sin embargo, las prácticas tradicionales de cultivo de café, como el monocultivo a pleno sol, pueden llevar a la deforestación, la degradación del suelo y la pérdida de biodiversidad. En contraste, las prácticas de cultivo sostenible, como el café de sombra, protegen el medio ambiente al preservar la cobertura arbórea, mantener la salud del suelo y proporcionar hábitats para la vida silvestre. La agricultura orgánica mejora aún más la sostenibilidad al evitar productos químicos sintéticos que pueden dañar el medio ambiente y la salud de los agricultores.

Una vez que las cerezas de café están maduras, generalmente se cosechan a mano. Este proceso laborioso asegura que solo se seleccionen las mejores cerezas, lo cual es crucial para mantener la calidad del café. Sin embargo, esta etapa también destaca la importancia de las prácticas laborales justas y la compensación justa para los trabajadores que realizan este trabajo exigente. Asegurar que estos trabajadores reciban un pago justo y sean tratados con respeto es un aspecto esencial de la sostenibilidad social.

Después de la cosecha, las cerezas se procesan para extraer los granos. Existen varios métodos de procesamiento, incluyendo el procesamiento en seco, que implica secar las cerezas al sol, y el procesamiento húmedo, que utiliza agua para fermentar y lavar los granos. Cada método tiene diferentes impactos ambientales, particularmente en relación con el uso del agua y la gestión de residuos. Las prácticas sostenibles de procesamiento se centran en minimizar el uso del agua, reducir los residuos y proteger los recursos hídricos locales de la contaminación.

Los granos de café verde luego se tuestan para desarrollar su sabor. El tostado es un paso crítico en el proceso de producción de café, y puede realizarse a diversas escalas, desde pequeños lotes artesanales hasta grandes operaciones industriales. Las prácticas de tostado sostenible incluyen el uso de equipos energéticamente eficientes, la minimización de emisiones y la garantía de que el proceso de tostado sea lo más ecológico posible.

Finalmente, los granos tostados se muelen y se preparan para hacer el café que disfrutas. El método que elijas para preparar tu café—ya sea una prensa francesa, una máquina de espresso o una cafetera de goteo—también puede afectar la sostenibilidad de tu hábito de café. Los métodos de preparación sostenibles se enfocan en reducir los residuos, como usar filtros reutilizables y compostar los posos de café, y minimizar el consumo de energía.

El viaje del grano a la taza es un testimonio de la dedicación y el esfuerzo necesarios para producir café de alta calidad. Al comprender cada etapa de este viaje, podemos apreciar mejor la importancia de la sostenibilidad en la producción de café y tomar decisiones informadas que apoyen una industria del café más sostenible.

Capítulo 2: Impacto Ambiental de la Producción de Café

Deforestación y Pérdida de Biodiversidad
El impacto ambiental de la producción de café es significativo, siendo la deforestación uno de los problemas más apremiantes. La agricultura tradicional de café a menudo implica la tala de vastas áreas de bosque para crear espacio para las plantaciones de café. Esta práctica, particularmente prevalente en los sistemas de café cultivado a pleno sol, lleva a la destrucción de hábitats vitales para innumerables especies, contribuyendo a una pérdida significativa de biodiversidad.

Los bosques no solo son hogar de una diversidad de vida silvestre, sino que también juegan un papel crucial en la regulación del clima terrestre al absorber dióxido de carbono. Cuando se talan bosques para plantaciones de café, se pierde esta capacidad de secuestro de carbono, lo que contribuye al calentamiento global. Además, la remoción de árboles altera los ecosistemas locales, lo que lleva a la erosión del suelo y a la disminución de los nutrientes en el suelo, lo que a su vez disminuye la productividad de la tierra con el tiempo.

En contraste, las prácticas de agricultura sostenible de café, como el café de sombra, trabajan para proteger estos ecosistemas. El café de sombra implica cultivar plantas de café bajo el dosel de árboles existentes, preservando el bosque y su biodiversidad. Este método no solo protege la vida silvestre, sino que también mejora la calidad del café, ya que la sombra ayuda a que las cerezas de café maduren lentamente, resultando en un perfil de sabor más rico.

Uso del Agua y Contaminación

El agua es esencial en la producción de café, especialmente durante la etapa de procesamiento, donde a menudo se lavan las cerezas de café para eliminar la pulpa antes de secarlas. Sin embargo, el método tradicional de procesamiento húmedo utiliza grandes cantidades de agua, a menudo en regiones donde el agua ya es un recurso escaso. Este uso excesivo de agua puede tensionar los suministros locales, dejando a las comunidades con un acceso limitado a agua limpia.

Además, las aguas residuales generadas durante el procesamiento del café suelen estar cargadas de material orgánico y químicos que, si no se tratan adecuadamente, pueden contaminar las fuentes de agua locales. Esta contaminación puede tener efectos devastadores en los ecosistemas acuáticos, matando peces y otra vida silvestre, y haciendo que el agua sea insegura para el consumo humano.

Las prácticas de café sostenible tienen como objetivo minimizar el uso de agua y gestionar los desechos de manera más efectiva. El procesamiento en seco, por ejemplo, utiliza mucho menos agua, aunque requiere un manejo más cuidadoso para evitar problemas de fermentación. En áreas donde el procesamiento húmedo es la norma, algunos productores han comenzado a usar equipos más eficientes que reciclan el agua, reduciendo el consumo general y limitando el impacto en los suministros locales de agua. Además, el uso de sistemas de filtración natural, como humedales artificiales, puede ayudar a tratar las aguas residuales, previniendo la contaminación y protegiendo los ecosistemas locales.

Salud del Suelo y Erosión

La salud del suelo es otra preocupación ambiental crítica en la producción de café. Las prácticas agrícolas intensivas utilizadas en la producción de café convencional, como el monocultivo y el uso excesivo de fertilizantes químicos y pesticidas, pueden llevar a la degradación del suelo. Con el tiempo, estas prácticas despojan al suelo de nutrientes esenciales, reduciendo su fertilidad y haciéndolo más susceptible a la erosión.

La erosión es un problema particular en las regiones cafetaleras, que a menudo se encuentran en laderas empinadas. Sin una cobertura adecuada del suelo, el agua de lluvia puede arrastrar la capa superior del suelo, lo que lleva a deslizamientos de tierra y a la degradación adicional de la capacidad de la tierra para sustentar cultivos. Esta pérdida de la capa superior del suelo no solo reduce los rendimientos de café, sino que también afecta el entorno circundante, contribuyendo a la sedimentación en ríos y arroyos, lo que puede dañar la vida acuática y alterar los suministros de agua.

Las prácticas de cultivo de café sostenible abordan estos problemas promoviendo técnicas de conservación del suelo. Estas incluyen la siembra de cultivos de cobertura para proteger el suelo de la erosión, el uso de fertilizantes orgánicos para mantener la fertilidad del suelo y la práctica de la rotación de cultivos para prevenir la agotación de nutrientes. Al centrarse en la salud del suelo, la agricultura sostenible de café no solo asegura la productividad a largo plazo, sino que también ayuda a proteger el medio ambiente en general.

Capítulo 3: Prácticas de Cultivo Sostenible Café de Sombra

El café de sombra es un método tradicional de cultivo que ha ganado una renovada atención por sus beneficios ambientales. En este sistema, las plantas de café se cultivan bajo el dosel de árboles más altos, imitando las condiciones naturales en las que evolucionó el café. La sombra proporcionada por estos árboles ayuda a proteger las plantas de café del exceso de luz solar, reduce la necesidad de insumos químicos y apoya la biodiversidad al proporcionar hábitats para aves, insectos y otra vida silvestre.

Los árboles en un sistema de café de sombra también contribuyen a la salud del suelo al dejar caer hojas que se descomponen y enriquecen el suelo con materia orgánica. Este mantillo natural ayuda a retener la humedad, reduciendo la necesidad de riego, y protege el suelo de la erosión. Además, la diversidad de especies vegetales en un sistema de café de sombra puede ayudar a controlar plagas de manera natural, reduciendo la dependencia de pesticidas dañinos.

Para los consumidores, el café de sombra a menudo ofrece un perfil de sabor superior. La maduración más lenta de las cerezas de café en condiciones de sombra permite el desarrollo de sabores más complejos, resultando en una taza de café más rica y matizada. Al elegir café de sombra, los consumidores pueden apoyar prácticas de cultivo que protegen el medio ambiente y promueven la biodiversidad.

Agricultura Orgánica

La agricultura orgánica es otro pilar de la producción sostenible de café. El café orgánico se cultiva sin el uso de fertilizantes sintéticos, pesticidas u organismos genéticamente modificados (OGM). En su lugar, los agricultores orgánicos dependen de métodos naturales para mantener la fertilidad del suelo, controlar plagas y manejar enfermedades. Estos métodos incluyen el compostaje, la rotación de cultivos y el uso de fertilizantes orgánicos como estiércol y compost.

Uno de los beneficios clave de la agricultura orgánica es su impacto positivo en la salud del suelo. Las prácticas orgánicas ayudan a mantener y mejorar la fertilidad natural del suelo, asegurando que siga siendo productivo para las generaciones futuras. El suelo saludable también es más resistente a las condiciones climáticas extremas, como las sequías y las lluvias intensas, que son cada vez más comunes debido al cambio climático.

Además de sus beneficios ambientales, la agricultura orgánica también tiene impactos sociales positivos. La certificación orgánica a menudo viene con un precio premium, lo que puede proporcionar ingresos adicionales para los agricultores. Este ingreso extra puede invertirse en mejorar las condiciones de vida, la educación y la atención médica para las comunidades agrícolas. Al elegir café orgánico, los consumidores no solo están apoyando prácticas ambientalmente amigables, sino que también están contribuyendo al bienestar de los agricultores de café y sus familias.

Agroforestería

La agroforestería es una práctica agrícola sostenible que integra árboles y otra vegetación con cultivos y ganado. En la producción de café, la agroforestería implica plantar café junto a diversas especies de árboles, creando un ecosistema diversificado y resiliente. Este enfoque ofrece numerosos beneficios ambientales, incluyendo la captura de carbono, la mejora de la salud del suelo y el aumento de la biodiversidad.

En un sistema agroforestal, los árboles proporcionan sombra a las plantas de café, reduciendo la necesidad de riego y protegiendo el suelo de la erosión. Las diversas especies de plantas en un sistema agroforestal también apoyan una amplia gama de vida silvestre, contribuyendo a la preservación de la biodiversidad. Además, los árboles pueden producir otros productos valiosos, como frutas, nueces o madera, proporcionando a los agricultores fuentes adicionales de ingresos y reduciendo su dependencia del café como único cultivo.

La agroforestería es particularmente adecuada para los pequeños agricultores, que a menudo tienen recursos limitados y necesitan aprovechar al máximo su tierra. Al diversificar sus cultivos, estos agricultores pueden reducir su riesgo y aumentar su resiliencia ante las fluctuaciones del mercado y el cambio climático. Para los consumidores, apoyar el café producido a través de prácticas agroforestales significa contribuir a un sistema agrícola más sostenible y resiliente.

Compostaje y Gestión de Residuos

El compostaje es una práctica vital en la agricultura sostenible de café que ayuda a gestionar los desechos y mejorar la salud del suelo. La producción de café genera una cantidad significativa de desechos orgánicos, incluyendo pulpa de café, hojas y ramas. En lugar de desechar estos residuos, los agricultores pueden compostarlos, convirtiéndolos en un recurso valioso que mejora la fertilidad del suelo y reduce la necesidad de fertilizantes químicos.

El compostaje implica la descomposición controlada de materia orgánica, creando un material rico en nutrientes que puede usarse para enriquecer el suelo. Este proceso no solo reduce la cantidad de residuos generados en la finca, sino que también recicla los nutrientes de nuevo en el suelo, promoviendo el crecimiento saludable de las plantas y mejorando la capacidad del suelo para retener agua.

Además del compostaje, las prácticas sostenibles de gestión de residuos en la producción de café también se centran en minimizar el impacto ambiental de otros subproductos, como las aguas residuales del procesamiento. Al tratar y reutilizar las aguas residuales, los productores de café pueden reducir la contaminación y conservar los recursos hídricos.

Para los consumidores, elegir café de fincas que priorizan el compostaje y la gestión de residuos significa apoyar prácticas que reducen el daño ambiental y promueven una economía circular, donde se minimizan los desechos y se usan los recursos de manera más eficiente.

Capítulo 4: Certificaciones y Etiquetas Comercio Justo

La certificación de Comercio Justo es una de las etiquetas más conocidas y respetadas en la industria del café. Fue establecida para abordar los desafíos sociales y económicos que enfrentan los agricultores de café, particularmente en los países en desarrollo. Comercio Justo asegura que los agricultores reciban un precio justo por su café, que cubra los costos de producción sostenible y les proporcione un salario digno.

La certificación de Comercio Justo también promueve mejores condiciones de trabajo, organización democrática y desarrollo comunitario. Requiere que los agricultores y trabajadores tengan acceso a educación, atención médica y entornos laborales seguros. La prima de Comercio Justo, una suma adicional de dinero pagada además del precio justo, se invierte en proyectos comunitarios, como escuelas, clínicas y mejoras de infraestructura.

Para los consumidores, elegir café de Comercio Justo es una forma de apoyar a los agricultores y sus comunidades, asegurando que las personas que cultivan su café sean tratadas con justicia y puedan construir un futuro mejor para ellos y sus familias.

Alianza para Bosques (Rainforest Alliance)

La certificación de Alianza para Bosques (Rainforest Alliance) se centra en la sostenibilidad ambiental, la equidad social y la viabilidad económica. Asegura que el café se cultive de manera que conserve los recursos naturales, proteja la vida silvestre y promueva el bienestar de las comunidades agrícolas. Las fincas certificadas por Alianza para Bosques deben cumplir con rigurosos estándares de gestión ambiental, incluyendo la conservación de la biodiversidad, la salud del suelo y los recursos hídricos.

Además de los criterios ambientales, la certificación de Alianza para Bosques también aborda problemas sociales y económicos. Requiere que los trabajadores sean tratados con justicia, con acceso a salarios decentes, condiciones de trabajo seguras y el derecho a organizarse. La certificación también promueve el desarrollo comunitario, alentando a los agricultores a invertir en educación, atención médica y otros servicios sociales.

Para los consumidores, la certificación de Alianza para Bosques proporciona la seguridad de que su café se produce de una manera que respeta tanto a las personas como al planeta. Al elegir café certificado por Alianza para Bosques, los consumidores pueden apoyar prácticas agrícolas sostenibles que contribuyen a un mundo más saludable y equitativo.

Orgánico Certificado por USDA

La etiqueta Orgánico Certificado por USDA es una certificación ampliamente reconocida que indica que el café ha sido producido sin el uso de fertilizantes sintéticos, pesticidas u organismos genéticamente modificados (OGM). La agricultura orgánica de café se centra en métodos naturales de control de plagas, fertilidad del suelo y rotación de cultivos, que ayudan a mantener la salud del medio ambiente y a producir café de alta calidad.

La certificación Orgánica del USDA requiere que las fincas de café cumplan con estrictos estándares para la producción orgánica, incluyendo el uso de semillas orgánicas, la gestión de la salud del suelo y la prevención de la contaminación de fuentes no orgánicas. El proceso de certificación también incluye inspecciones regulares para garantizar el cumplimiento de los estándares orgánicos.

Para los consumidores, la etiqueta Orgánica del USDA ofrece la confianza de que su café se produce de manera ambientalmente amigable, sin productos químicos dañinos ni OGM. Al elegir café orgánico, los consumidores pueden apoyar prácticas agrícolas que protegen el medio ambiente y promueven la sostenibilidad.

Otras Certificaciones (UTZ, Amigable con las Aves)

Además de Comercio Justo, Alianza para Bosques y Orgánico Certificado por USDA, existen otras certificaciones que promueven la producción sostenible de café. La certificación UTZ, por ejemplo, se centra en prácticas agrícolas sostenibles, la trazabilidad y la responsabilidad social. Las fincas certificadas por UTZ deben cumplir con estándares de gestión ambiental, derechos laborales y desarrollo comunitario, similares a los de otras certificaciones.

La certificación Amigable con las Aves, desarrollada por el Centro Smithsonian de Aves Migratorias, se centra específicamente en la protección de los hábitats de aves a través de prácticas de café de sombra. El café Amigable con las Aves se cultiva bajo un dosel de árboles que proporcionan hábitat para aves migratorias, contribuyendo a la conservación de la biodiversidad.

Para los consumidores, estas certificaciones ofrecen opciones adicionales para apoyar el café sostenible. Al comprender las diferentes certificaciones y lo que representan, los consumidores pueden tomar decisiones informadas que se alineen con sus valores y contribuyan a una industria del café más sostenible.

Capítulo 5: Cómo Elegir Café Ecológico

Leer Etiquetas y Certificaciones

Al comprar café, leer las etiquetas y entender las certificaciones es clave para tomar decisiones ecológicas. Las etiquetas proporcionan información valiosa sobre el origen del café, las prácticas agrícolas utilizadas y las certificaciones que ha recibido el café. Sin embargo, con tantas etiquetas y certificaciones diferentes en el mercado, puede ser un desafío saber cuáles reflejan verdaderamente prácticas sostenibles.

Comienza buscando certificaciones como Comercio Justo, Alianza para Bosques, Orgánico Certificado por USDA y Amigable con las Aves, que indican que el café se produjo de manera que cumple con estándares específicos ambientales y sociales. Estas certificaciones proporcionan la seguridad de que el café que compras apoya prácticas agrícolas sostenibles, protege el medio ambiente y promueve la equidad social.

Además de las certificaciones, busca información en la etiqueta sobre el origen del café. Los cafés de origen único, que provienen de una región o finca específica, a menudo proporcionan más transparencia sobre las prácticas agrícolas utilizadas. Muchas marcas de café sostenible también incluyen información sobre sus relaciones directas con los agricultores, destacando su compromiso con el comercio justo y la obtención ética.

Tomarse el tiempo para leer las etiquetas y entender las certificaciones te permite tomar decisiones informadas que apoyan una industria del café más sostenible y aseguran que tu hábito de café tenga un impacto positivo en el mundo.

Apoyar Marcas Éticas

Apoyar marcas de café éticas es otra forma importante de promover la sostenibilidad en la industria del café. Muchas empresas de café están comprometidas con prácticas sostenibles, desde la obtención de granos de fincas certificadas hasta la inversión en proyectos de desarrollo comunitario en regiones cafetaleras. Al elegir comprar de estas marcas, puedes ayudar a impulsar la demanda de café producido de manera sostenible y alentar a más empresas a adoptar prácticas éticas.

Cuando busques marcas éticas, considera su compromiso con la transparencia y la trazabilidad. Las marcas éticas a menudo proporcionan información detallada sobre su cadena de suministro, incluyendo las fincas de donde obtienen su café y las condiciones en las que se produce el café. Esta transparencia permite a los consumidores tomar decisiones más informadas y asegura que los beneficios de la producción de café sostenible se compartan de manera equitativa.

Además de la transparencia, busca marcas que prioricen la calidad y la sostenibilidad en todos los aspectos de su negocio. Esto incluye el uso de envases ecológicos, la reducción de su huella de carbono y el apoyo a iniciativas que beneficien a las comunidades productoras de café. Al apoyar estas marcas, puedes disfrutar de café de alta calidad mientras contribuyes a una industria del café más sostenible y ética.

Opciones Locales y de Comercio Directo

Comprar café local o de comercio directo es otra forma efectiva de apoyar la sostenibilidad. Los tostadores locales a menudo tienen relaciones cercanas con los agricultores de café y es más probable que prioricen la calidad y la sostenibilidad en sus prácticas de obtención. Al comprar de tostadores locales, puedes apoyar a las pequeñas empresas en tu comunidad mientras aseguras que tu café se obtenga de manera ética.

El comercio directo es un modelo de obtención de café que implica la compra directa de los agricultores de café, a menudo evitando intermediarios tradicionales. Este enfoque permite que los agricultores reciban un precio más alto por su café y fomenta relaciones a largo plazo entre los agricultores y los compradores. El comercio directo también promueve una mayor transparencia en la cadena de suministro, permitiendo a los consumidores saber exactamente de dónde proviene su café y cómo se produjo.

Al elegir café local o de comercio directo, puedes apoyar prácticas agrícolas sostenibles, asegurar que los agricultores reciban una compensación justa y disfrutar de un café más fresco y de mayor calidad. Estas opciones ofrecen una forma de conectarse más estrechamente con el café que bebes y contribuir a una industria del café más sostenible y equitativa.

Capítulo 6: Métodos Sostenibles de Preparación y Consumo

Métodos Ecológicos de Preparación El consumo sostenible de café no termina con la compra de granos ecológicos; se extiende a cómo preparas tu café. Los métodos de preparación ecológicos se centran en reducir los desechos, conservar energía y minimizar el impacto ambiental de tu hábito de café.

Una de las formas más sencillas de hacer que tu preparación sea más sostenible es utilizar un método de preparación manual, como una prensa francesa, un método de vertido (pour-over) o una AeroPress. Estos métodos no requieren electricidad, reduciendo tu consumo de energía en comparación con las cafeteras eléctricas. Además, a menudo producen menos desechos, especialmente si usas un filtro de metal o tela reutilizable en lugar de filtros de papel desechables.

Otra opción de preparación ecológica es usar una cafetera con un modo de ahorro de energía o una que se apague automáticamente después de preparar el café. Esto ayuda a reducir el consumo de energía y asegura que tu cafetera no funcione más tiempo del necesario. Si prefieres el espresso, considera usar una máquina de espresso manual, que no requiere electricidad y produce mínimos desechos.

El café frío (cold brew) es otra opción sostenible, ya que no requiere calor y se puede preparar en grandes cantidades, reduciendo la frecuencia de preparación. Además, el café frío se puede almacenar en el refrigerador durante varios días, permitiéndote disfrutar del café sin necesidad de utilizar energía para preparar lotes frescos repetidamente.

Reducir Residuos Reducir los residuos es una parte crucial del consumo sostenible de café. Una forma de hacerlo es utilizando tazas y filtros reutilizables. Las tazas, cápsulas y filtros de café de un solo uso contribuyen significativamente a los desechos en los vertederos, por lo que cambiar a alternativas reutilizables puede tener un gran impacto. Muchas cafeterías también ofrecen descuentos por llevar tu propia taza, lo que lo convierte en una ganancia tanto para el medio ambiente como para tu bolsillo.

Compostar los posos de café es otra forma efectiva de reducir residuos. Los posos de café son ricos en nitrógeno, lo que los convierte en una excelente adición a tu pila de compost. También se pueden usar directamente en tu jardín como fertilizante natural o para ahuyentar plagas. Al compostar los posos de café, puedes ayudar a crear un sistema de ciclo cerrado donde se minimizan los residuos y se reutilizan los recursos.

Finalmente, considera comprar café a granel o elegir marcas que utilicen embalajes mínimos o reciclables. Reducir la cantidad de embalaje que utilizas ayuda a disminuir los residuos y reduce el impacto ambiental general de tu consumo de café.

Reciclaje y Compostaje El reciclaje y el compostaje juegan un papel vital en la reducción del impacto ambiental del consumo de café. Muchos componentes de tu rutina de café, desde el embalaje hasta los posos, se pueden reciclar o compostar en lugar de terminar en un vertedero.

Comienza por reciclar el embalaje del café siempre que sea posible. Muchas bolsas de café ahora están hechas de materiales reciclables, aunque puede ser necesario separar diferentes componentes, como las válvulas de plástico, antes de reciclar. Algunas marcas también ofrecen programas de devolución donde puedes devolver las bolsas vacías para su reciclaje o reutilización.

Compostar los posos de café es otra forma simple pero efectiva de reducir residuos. Además de agregar nutrientes a tu pila de compost, los posos de café también se pueden usar en tu jardín para mejorar la estructura del suelo y ahuyentar plagas. Incluso puedes compostar los filtros de papel usados, siempre que sean sin blanquear y libres de químicos.

Para las cápsulas de café, busca marcas que ofrezcan opciones compostables o reciclables. Muchas cápsulas de un solo uso están hechas de materiales difíciles de reciclar, por lo que cambiar a una opción más sostenible puede reducir significativamente tus residuos.

Al integrar el reciclaje y el compostaje en tu rutina de café, puedes minimizar el impacto ambiental de tu consumo de café y contribuir a un estilo de vida más sostenible.

Capítulo 7: El Impacto Social del Café Sostenible

Empoderamiento de los Agricultores La producción de café sostenible no solo se trata de proteger el medio ambiente; también se trata de empoderar a las personas que cultivan nuestro café. Los pequeños agricultores, que producen la mayoría del café del mundo, a menudo enfrentan desafíos significativos, incluyendo precios bajos, mercados inestables y acceso limitado a recursos. Las prácticas sostenibles ayudan a abordar estos desafíos al asegurar que los agricultores reciban una compensación justa y tengan el apoyo necesario para mejorar sus medios de vida.

El Comercio Justo y otros programas de certificación juegan un papel crucial en el empoderamiento de los agricultores al garantizar un precio mínimo por su café, proporcionar acceso a crédito y promover mejores condiciones de trabajo. Estos programas también invierten en proyectos de desarrollo comunitario, como escuelas, centros de salud y mejoras de infraestructura, que benefician no solo a los agricultores, sino también a sus familias y comunidades.

Las relaciones de comercio directo, donde los tostadores compran directamente a los agricultores, también ayudan a empoderar a los agricultores al fomentar asociaciones a largo plazo y proporcionar precios más altos por café de calidad. Estas relaciones a menudo incluyen inversiones en capacitación y recursos para ayudar a los agricultores a mejorar sus prácticas agrícolas y aumentar sus rendimientos.

Al apoyar el café sostenible, los consumidores pueden ayudar a empoderar a los agricultores, asegurando que tengan los recursos y oportunidades para prosperar.

Desarrollo Comunitario Las prácticas de café sostenible contribuyen al desarrollo comunitario al promover la equidad social e invertir en las comunidades locales. Muchos programas de certificación requieren que una parte de las primas pagadas por el café certificado se utilice para financiar proyectos comunitarios, como la construcción de escuelas, la mejora de centros de salud y la provisión de agua potable.

Estas inversiones tienen un impacto duradero en las comunidades productoras de café, mejorando la calidad de vida de los agricultores y sus familias. El acceso a la educación, la atención médica y el agua potable no solo beneficia a las familias individuales, sino que también fortalece la comunidad en su conjunto, creando una sociedad más resiliente y sostenible.

Los proyectos de desarrollo comunitario también a menudo incluyen programas de capacitación y educación que ayudan a los agricultores a adoptar prácticas más sostenibles, mejorar sus rendimientos y aumentar sus ingresos. Estos programas empoderan a los agricultores para que tomen el control de su futuro y contribuyan a la sostenibilidad a largo plazo de sus comunidades.

Al elegir café de empresas y certificaciones que priorizan el desarrollo comunitario, los consumidores pueden desempeñar un papel en el apoyo a estos proyectos vitales y ayudar a crear un futuro más brillante para las comunidades productoras de café.

Igualdad de Género La igualdad de género es un aspecto importante de la sostenibilidad social en la producción de café. Las mujeres juegan un papel crucial en la industria del café, desde la agricultura y la cosecha hasta el procesamiento y el comercio. Sin embargo, a menudo enfrentan barreras significativas, incluyendo un acceso limitado a recursos, educación y oportunidades de toma de decisiones.

Promover la igualdad de género en la producción de café implica asegurar que las mujeres tengan igual acceso a recursos, capacitación y oportunidades de liderazgo. Los programas de certificación e iniciativas que se centran en la igualdad de género ayudan a abordar estos problemas al proporcionar a las mujeres las herramientas y el apoyo que necesitan para tener éxito en la industria del café.

Empoderar a las mujeres en la producción de café no solo beneficia a las mujeres, sino también a sus familias y comunidades. La investigación muestra que cuando las mujeres tienen control sobre sus ingresos, es más probable que inviertan en la educación, la salud y la nutrición de sus hijos, lo que lleva a mejores resultados para toda la comunidad.

Al apoyar iniciativas que promuevan la igualdad de género, los consumidores pueden ayudar a crear una industria del café más inclusiva y equitativa, donde todos tengan la oportunidad de prosperar.

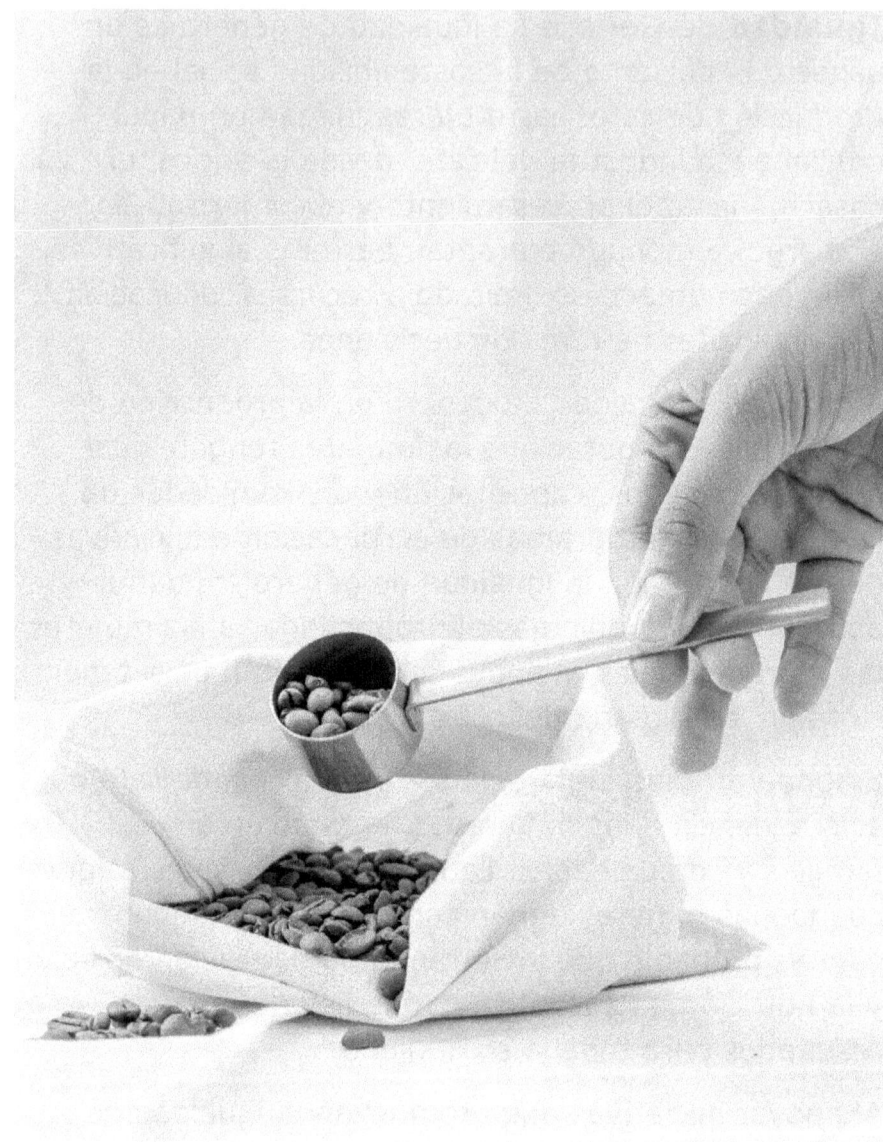

Capítulo 8: El Futuro del Café Sostenible

Innovaciones en la Producción de Café El futuro del café sostenible radica en la innovación y el desarrollo continuo de nuevas prácticas y tecnologías que reduzcan el impacto ambiental de la producción de café, al tiempo que mejoran los resultados sociales y económicos para los agricultores. Una de las áreas más prometedoras de innovación es el desarrollo de nuevas variedades de café que sean más resistentes al cambio climático, las plagas y las enfermedades.

El cambio climático representa una amenaza significativa para la producción de café, con el aumento de las temperaturas y los patrones climáticos cambiantes que dificultan el cultivo de café en regiones tradicionales. En respuesta, los investigadores están trabajando para desarrollar nuevas variedades de café que puedan prosperar en estas condiciones cambiantes mientras siguen produciendo granos de alta calidad. Estas innovaciones no solo ayudan a proteger el futuro del café, sino que también apoyan los medios de vida de los agricultores que dependen del café para sus ingresos.

Otras innovaciones en la producción sostenible de café incluyen el uso de tecnología para mejorar la eficiencia y reducir los desechos. Por ejemplo, las técnicas de agricultura de precisión, como el uso de drones y sensores, pueden ayudar a los agricultores a monitorear sus cultivos de manera más efectiva y a aplicar recursos como el agua y los fertilizantes con mayor precisión. Esto no solo reduce el impacto ambiental de la agricultura de café, sino que también ayuda a los agricultores a aumentar sus rendimientos e ingresos.

A medida que estas innovaciones continúan desarrollándose, el futuro del café sostenible parece prometedor, con el potencial de crear una industria del café más resiliente y sostenible.

Desafíos y Oportunidades Si bien existen muchas oportunidades emocionantes para el futuro del café sostenible, también existen desafíos significativos que deben abordarse. El cambio climático, en particular, representa una gran amenaza para la producción de café, con el aumento de las temperaturas y los patrones climáticos cambiantes que afectan las regiones donde se puede cultivar café. A medida que cambian las regiones productoras de café, existe el riesgo de que las comunidades tradicionales productoras de café queden rezagadas, perdiendo sus medios de vida y su patrimonio cultural.

Otro desafío es la viabilidad económica de la producción de café sostenible. Si bien las prácticas sostenibles a menudo conducen a un café de mayor calidad y mejores resultados para los agricultores y el medio ambiente, también pueden ser más costosas y laboriosas. Asegurar que estas prácticas sean económicamente viables para los agricultores, particularmente los pequeños productores, es crucial para el éxito a largo plazo del café sostenible.

A pesar de estos desafíos, también existen oportunidades significativas para el futuro del café sostenible. La creciente demanda de café producido de manera sostenible presenta una oportunidad para que los agricultores adopten prácticas más sostenibles y accedan a mercados premium. Además, la creciente conciencia de los consumidores sobre el impacto ambiental y social de sus decisiones de café está impulsando la demanda de opciones más sostenibles.

Al abordar estos desafíos y aprovechar estas oportunidades, la industria del café puede crear un futuro más sostenible y equitativo para la producción de café.

Papel del Consumidor Como consumidores, jugamos un papel crucial en la configuración del futuro del café sostenible. Nuestras decisiones—qué café compramos, cómo lo preparamos y cómo desechamos los residuos—tienen un impacto directo en el medio ambiente, los medios de vida de los agricultores y la sostenibilidad de la industria del café.

Al elegir comprar café certificado por organizaciones reconocidas como Comercio Justo, Alianza para Bosques y Orgánico Certificado por USDA, podemos apoyar prácticas agrícolas sostenibles que protegen el medio ambiente y promueven la equidad social. Apoyar marcas éticas y tostadores locales que priorizan la sostenibilidad también ayuda a impulsar la demanda de café producido de manera sostenible y alienta a más empresas a adoptar prácticas éticas.

Además de tomar decisiones sostenibles al comprar café, también podemos reducir nuestro impacto ambiental al adoptar métodos de preparación ecológicos, reducir residuos y compostar los posos de café. Estas pequeñas acciones, cuando se multiplican por millones de bebedores de café en todo el mundo, pueden tener un impacto significativo en la sostenibilidad de la industria del café.

En última instancia, el futuro del café sostenible depende de todos nosotros—agricultores, productores, empresas y consumidores—trabajando juntos para crear una industria del café que no solo sea rentable, sino también ética, resiliente y sostenible para las generaciones venideras.

Conclusión

Resumen de Puntos Clave El café sostenible se trata de algo más que simplemente producir una buena taza de café; se trata de asegurar que todo el proceso, desde el grano hasta la taza, se realice de una manera que proteja el medio ambiente, apoye los medios de vida de los agricultores y cree un futuro mejor para todos los involucrados. A lo largo de este libro, hemos explorado los diversos aspectos del café sostenible, desde el impacto ambiental de la producción de café hasta los beneficios sociales y económicos del comercio justo y la obtención ética.

Hemos discutido la importancia de entender el viaje del grano a la taza, reconociendo los desafíos ambientales y sociales en cada etapa del proceso. También hemos destacado el papel de las certificaciones y etiquetas en ayudar a los consumidores a tomar decisiones informadas, y hemos explorado el impacto de las prácticas agrícolas sostenibles en el medio ambiente y las comunidades agrícolas.

Al elegir comprar café producido de manera sostenible, apoyar marcas éticas y adoptar métodos de preparación ecológicos, todos podemos contribuir a una industria del café más sostenible. Nuestras decisiones importan, y juntos, podemos ayudar a crear un futuro donde el café no solo sea delicioso, sino también sostenible.

Llamado a la Acción Mientras disfrutas de tu próxima taza de café, tómate un momento para pensar en el viaje que tomó para llegar a tu taza. Considera el impacto de tus decisiones y cómo puedes marcar la diferencia apoyando el café sostenible. Ya sea eligiendo un café orgánico certificado, apoyando a un tostador local o compostando los posos de café, cada pequeña acción suma.

El futuro del café está en nuestras manos, y al tomar decisiones sostenibles, podemos ayudar a asegurar que el café siga siendo disfrutado por generaciones venideras. Trabajemos juntos para crear una industria del café que sea justa, sostenible y deliciosa.

Notes:

Notes:

Notes:

Notes:

Notes:

www.ingramcontent.com/pod-product-compliance
Lightning Source LLC
Chambersburg PA
CBHW070400230526
45471CB00006B/2654